AF187279

Paul Gisi
Staubfäden der Erkenntnis
Traumtropfen

Books on Demand

Bibliographische Information der Deutschen National-
bibliothek: Die Deutsche Nationalbibliothek verzeichnet
diese Publikation in der deutschen Nationalbibliogra-
phie, detaillierte bibliographische Daten sind im Internet
über http://dnb.dnb.de abrufbar.

© 2019 Autor: Paul Gisi, op.116
Umschlagbild Ludwig Weibel
Herstellung und Verlag:
BoD – Books on Demand, Norderstedt
ISBN 9783749471799

Paul Gisi

Staubfäden der Erkenntnis

Traumtropfen

Nachwort von Fred Stäheli

Inhalt

I

In den Spiegelungen der Täuschung

Lautlos geschwärzt
die Traumbilder –
wir haben nichts
als das Nichts in den Händen
die Täuschungen
wenn es keine Erinnerungen
mehr gibt

o

Nachts
winkt mir
DER ROTE FINGERHUT
im Gespinst der Töne
verführerisch zu

leihe mir
deine Glockentöne

o

Wenn das Auge
nicht schläft
der Atem weht
wird der Staub
das Universum
in deinem Herzschlag

o

Durch ALLES hindurchzublicken
    im Getrenntsein
    im Einssein
in den SPIEGELUNGEN
DER TÄUSCHUNG

    – im Wortlosen
    finde ich dich

o

Dein Atem
eine assyrische Volute
in den Windriffelungen

Mistral
in den Augen
MEERKÜSTENWÄRTS

o

In der Flamme
der Finsternis
schreit die Welt

fern
krümmt sich
DAS SCHWEIGEN

o

Ich stürze
in die wilden Tonleitern
   der Lust
ins Aufschäumen der Nacht
FERNWÄRTS
in deine Nähe
INS GRENZENLOSE

○

Brustkorbgeriffelt
dein nackter Körper
IN DER ANDACHT
   DER NACHT
im Ineinanderstürzen

○

Kreislauf
VON LEIDEN UND VERBLENDUNG
– leih mir deine Flügel
Kranich
für die Luftspiegelung
die vorübergehende Wirklichkeit
in den Waben der Hoffnung

o

Dein Körper
eine *Fermate*
meines Lebens

o

Im Schweigen
singt Leerheit des Seins

– wir trinken zusammen Wein
entziffern das Geheimnis nicht

o

T A N Z I R R
   die Moleküle
   die Galaxien
IN D E I N E R HAND
die ich fiebrig halte

o

Sterne
Edelsteinintarsien
der Schöpfung
FÜR DICH
in der endlosen Nacht

o

Längst nicht mehr entzifferbar
die Umarmung des Winds
der Brief des Quastenflossers
die Zweifel der Zeit –
wie schön
mit dir zu lachen

o

Mimesis des Kristalls
im Reptil –
e i n Kreis
von zwei Drachen gebildet

du hältst
den Diamanten
in deiner Hand

o

Nacktamöbenlust
ich singe dich
Seeanemonenbrust
in der fernen Bucht

o

DER STEIN BRENNT
es ist
als würde das Weltall
s i n g e n
in deiner Hand

o

Dich zu s c h a u e n
Himmelsgucker
ist Glück

o

15

Traum und Wachzustand
lösen sich auf
in deinen Augen
   morphoblau anbetend

o

Schlangenartige Wassergeister
schlummern
im menschlichen Geist
versunken in der Lust

ZEICHEN DES HIMMELS
wir werden ihnen
Leben geben

o

II
Schlehenlikörsüss
dein Körper

SCHLEHENLIKÖRSÜSS
DEIN KÖRPER

an den Weltraumrändern
des Herzens
träume ich
mit dir

o

Wortlose Gestaltung –
ein Streichquartett
von Beethoven
flammt auf

o

Die leuchtende Seefeder
kennt sich aus
mit galaktischen Notenschlüsseln
in den Landschaftsbildern
der Seele

o

Im Schweigen
des blauen Winds
tanzen wir
sonnenirr
in der Enzephalitis
GEGENSATZVEREINT

o

Ich breche gleichzeitig
in alle Himmelsrichtungen auf
nicht überschaubar aufgeteilt
NAH AM UNENDLICHEN
und finde dich
ü b e r a l l

o

Im siebenarmigen Rausch
tanzt L e b e n s l u s t
dringt in deinen Körper ein
FEUERLIPPEN
umhüllen die Haut

aus der Tiefe
zuckt die karminrote Sonne
SEINSFIEBRIG
wie ein Brandpilz

o

Welt um mich
f l a m m e n d

Traumlippen
die flüstern
KOMM

o

Luftkörper G e i s t
SEEDRACHE
im Atem
   im Melodiebogen
   des Universums

hörst du die Zirptöne
der Liebe?

o

Kornblumenblau
das Uferlose
    in dir
im Schnabel
der Nebelkrähe

AD MAIOREM DEI GLORIAM

o

Glückselig verstummt
in deinem Atem
    IM VOGELAUGE

o

Befreit von Bindungen
züngelt die Flamme

– schöpfungsirre Lust

o

Öffne das Fenster
der Sumpfdotterblume
und lass den Sonnenvogel herein

mich ziehts zu dir
in deine Mitte

o

Brandungsgeröll
der Nacht

bleib mein Freund
NASHORNFISCH
sonst verirre ich mich
im Korallenriff

o

Die Biene fliegt
gross wie ein Zeppelin
durch meinen Garten
der einst kleine Käfer
speit als Riesendrache Feuer

– mir sind die Sterne
Murmeln
mit denen ich
selbstvergessen spiele

o

Im Wasserfallrausch
tanzt nackter Atem zu dir –
letzte Umarmung

○

Fülle
ist auch Leersein
in deiner schlanken Hand

○

Was für ein Ereignis du bist
Moschusmalve
ich verneige mich
vor dir

o

Ursprungskristall
N A C H T –
Himmelswasserfälle
stürzen ins dunkle Herz
INKARNATIONEN
DER ILLUSION

o

Kennst du den Gott
der in den Bernsteinschnecken singt?

o

Du bist
meine wurmwühlenverwandte Seele
in den Entfernungen
des Traums

ich nähere mich dir
tausendfüsslerisch
in allen Namen

o

III
Höhlenflusstraum

Dein Leib
erinnert mich
an den Nil
zwischen Kom Ombo und Asnub

   Windzähne
reissen die Lippen auf

                o

   Sein ist Leerheit
   ein reifer Pfirsich
GAUKELWESEN

anfangslos
der Kranichflug

komm zu mir

                o

Ummantelt
mit deinem Atem

IM OBSIDIAN NACHT
ERSTARRT LEBENSLUST

o

In deinem Puls
das Lid
   der Sonne
      der Asche
DIE ENDLOSIGKEIT

o

Über deine Stirn
fliegt das Feuerschiff
    der Liebe –
STURM STÜRZT
IN DEN KUSS

○

Sich von sich selbst
zu befreien
– NUR DIE NACHT
kennt die Wege

○

Spinnennetzgleich
die Sternbilder
im Echoraum
    des Unermesslichen

ein Vogel
schaut verdutzt
ins Licht

      o

Erdfarbne Worte
in der Nachtwunde
    a p p a s s i o n a t o
    auf der Zunge

die Sonne tanzt
den PAS DE DEUX
mit einem Schwarzen Loch

      o

Ich trinke
mit Heraklit
meinem Zimmernachbarn
Châteauneuf-du-Pape
male mit Surrealisten
um die Wette

– wunderbar ists
verrückt zu sein

o

Spiralgalaxien
als Staubfäden
der kosmischen Blume
in der Vase auf meinem Schreibtisch

– sei nicht überrascht
vom Brief
den ich dir schreibe

o

Höhlenflusstraum
in getrommelter Nacht
   wahngezackt
von der Zukunft her

○

Lichtjahrweit
das Wort
in mir

komm
wir wollen es
gemeinsam suchen

○

Diodor Proktos Chrysos
Philostratos Ladon Demophilos
Philokrates Xenophilos Periandros
Phaidon Ilisos Myiskos
Polemon Protarch Nikandros
Pamphilos Thymokles Meleagros
Automedon Ganymed Antiphilos
Aratos Priamos Eros
Hermogenes Lysanias Glaukos
Diokles Archeloos Andragathos
Antiochos Apollon Praxiteles
Theron Aribazos Charedemos
Kronion Daimon Euxitheos
Kleobulos Kypris Antipatros
Philokles Eupalomos Eubios
Arkesilaos Themison Kleonikos
Menecharmos Echedemos Dositheos
Menexemos Theron Apollophanes

o

Trunken vor Fülle
in deinen Armen
trunken im Kuss
in der Lust –
    der Strom mündet
    ins Zeitlose
    ins pulsierende Unendliche

o

Ich bin
mit meinem Körper
AN VIELEN ORTEN

    flackere
in tausend Erscheinungen
der Illusion
in deinem ekstatischen Schweigen

o

Der Mandelbaum
im Tal der Durance
hütet die Schriftrolle
    des Alls

der Zimtweber
baut sich
in ihr
sein Nest

                    o

Milchstrassen
wie Brustkorbrippen
        im E i n s s e i n
    der Flammen

                    o

Manifestationen
   sind flüchtig
   wandelbar
selbst im Gebiss
des Sandtigerhais

o

Vogelatem
durchsichtig
unterm Nachtstern
   verweht
in der Illusion

für Dani
in Liebe

o

Notenschrift
sehr fern
in der Aorta
des Seins

o

IV
Im Geigenkorpus des Sphä-
renklangs

Mit dir
verirre ich mich
im Weltall
in den Wassertropfen
IN DEN STAUBFÄDEN
DER ERKENNTNIS

o

Durch die Glut
der Leidenschaft
finde ich dich
in winddurchpfeiften Ritzen
tödlich getroffen

o

Verlier dich im Nachtwind
– du findest dich

o

Auf der Ewigkeit
des Steins
sonnt sich
für ein paar Augenblicke
die Mücke

o

Die Inschrift
an der Nordwand
deines Herzens
zu entziffern
    das Einssein mit dem Ursprung

– ich mache mich
heute noch
auf den Weg

o

Auf den Felsterrassen
lächelst du
n a c k t
in den Oktavzeichen
der Flammen
    Transparenz
    der Illusion

o

Vorgestossen
bis zu den Wurzeln
des Seins
im Gelb der Sumpfdotterblume
im Geigenkorpus
des Sphärenklangs

o

Mit dir
ins Weglose
zu fliehen
mit dir
in Tavernen
des Universums
zu pokulieren

das Jenseitige
ist hier

o

Auf dem Rücken der Schildkröte
ruht sich Cassiopeia aus

o

Im Lapis philosophorum
des Weltgefüges
schläft die Doppelköpfige Melusine
die sieben Planetengötter
im Hades
bleiben stumm

o

Musikantinnen und Tänzerinnen
am Grab des Neb-Amun –
ECHNATON IM SONNENEINBAUM

o

Gewinn und Verlust
sind leer
weiss der Dunkelrote Amarant
IM GEWÖLBE DES TRAUMS

o

Ich singe mit dir
auf einer höhern Existenzebene
des Türkisvogels
und des Fliegenden Fischs
in Sonnenflammen
s e i n s u m a r m t

o

ICH UNTER DEINER HAUT
VERLIERE
ALLE SPIELREGELN

o

Im Sichselbstfinden
des Adagios
entfaltet sich Ferne
auf den Flügeln
des Rotwaldsängers
als ob es keinen Tod gäbe

o

Lass dich los
in dieser Nacht
erweitere dich
mit der Untrennbarkeit
der Blattfusskrebse
mit dem kosmischen Licht

o

Müde die Nickende Distel
fiederspaltig verblättert
wie eine Idylle von Theokrit

o

Wie in Nebelschleiern –
rittlings auf dem Asteroiden hockend
rase ich
durch galaktische Räume
in liebesirren Traumtropfen

o

Angst skorpiont
im Komplementwinkel
der Einsamkeit
im Entwurf des Nichts –
giftgelähmt

o

Im Erinnerungslosen
dein Angesicht
   schwarzes Blut
   S c h w e i g e n
ungeboren auf der Zunge

o

V
Edelsteinschliff des Geistes

Sternenplankton
im Wassertropfen ZEIT –

wie eine Napfschnecke
klebt der Geist an der Illusion

o

Zu versinken
in die Vereinigung
von Leere und Klarheit
ist nicht mein Weg –
ich mache mich auf
ins *Gezweig des Lichts*
IN DIE DUNKELBLAUEN BEEREN
DES SCHWARZDORNS

o

Nicht erinnerbar
die Feuerelemente
die Liebesträume
in den Wurzelabgründen
   des Seins

o

Verloren
der Kristallmittelpunkt

ferne Bongoschläge
drohen

wie weiterleben?

o

Der Zackenbarsch
lauscht im Felsenriff
dem Donner
   erregt
   und lebensmüd

        o

Samtig behaart
der Traum
   von Rosmarinseidelbast

– DAS LEBEN BRENNT

        o

Ich bin bis zu den Wurzeln
vorgedrungen
   mit den Sinnen

habe alle Erscheinungen
ausgeschöpft
   mit dem Geist

nun beginne ich
endlich zu leben
f r e i von allem

○

Windkuppelblau
W o r t
   Milchstrassenlust
   in der Höhle des Seins
unendlichfingrig
liebend

○

In gotischer Mönchsschrift geschrieben
das Firmament

(St-Urcize d'Aubrac)

o

Trenne dich
von den Einheiten
lass dich treiben
aufs Unerlesliche hin
befreit von allem Vorgetäuschten
   spinnwebig behaart
   trugdoldenblütig
s e i n s e k s t a t i s c h

o

Losgelöst
von allen Verdunkelungen
des Ich-Mittelpunkts
WEHT DER WIND
im Kreis der Befreiungen
im Kern des Liebestaumels
 – unendlichlang
        unendlichlang

o

Der Elfenbeinspecht
klopft vergeblich
an der Himmelstür

dem Menschen ergeht es gleich

o

Was für ein Apfelbaum
dieses Sternbild!
    Früchte für dich
GLOCKEN DER UNENDLICHKEIT

o

Die Flamme des Schuppenwurms
vermisst sich
in der Konjunktion
    der Sonne
    zu den Planeten
mich verwundert das nicht

o

Aus dem Feuerstein geschlagen
die GESÄNGE DES UNIVERSUMS
von Ernesto Cardenal

– das Licht erwacht
aus einem dunklen Schlaf
auf der Asymptote
    der Liebe
DES SEINS

        o

Das ist die Stunde
des Insichversenkens
DES ERKENNENS
    im Tanz der Sonnen
    im Schweigen des Universums

        o

Dionysos tanzt nackt
vor dem Orakel –

die Mohngöttin mischt
Honig und Wein
Schlaf und Traum

in der Felsengrotte
brennen Fackeln

o

Fluchtziel des Atems
spätlingsblühend
im Zwischenreich
der Dämmerung
schlaflos einbergend
fiebrige Lust
im Bewusstlosen des Anfangs
ROTFLECKIG BLAUBEREIFT
DIE TODBEERE

o

„In welchem Jahr
ich heimkehr niemand weiss"
schrieb *Du Fu*

ich bleibe verloren

o

In Liebe gewimperte
   Glockenblumen
   kugelig himmelblau
IM GEIGENJUBEL
DES SEINS

o

VI
Weltfülle Weltleere

In den Sternströmen
des Inneseinwerdens
singe ich mich
in dir

o

Worte
wie glitzernder Sand
am Ufer des Weltmeers –

Liebe braust
um die Felsen der Liebe
    nachtfiebrig taumelnd
    ineinanderversternt

o

Die Sonne
ein Blutstropfen
auf deiner Fingerbeere

o

Das Grenzenlose
liegt im Innern
in der Geistkörperlust
IN DEN LICHTKREISEN DES SCHWEIGENS

o

Die Zukunft winkt mir
vom Horizont her
mit einer Barockvioline
und mit Cembalotanzschritten zu

o

Unzählbare Vielheiten
in der Einheit
    des Kosmos
IM TEICHROSENHERZ
ausgebreitet in dir

o

Schattengekerbt die Triolen
des Wiesenflockenblumenquirls –

in Marmor gehauen
das Auge des Lichts

○

Die entzündete Lampe
im Herzen
ist wie eine Sonne –

○

Das rispige Kreuzkraut
singt und tanzt
das GLORIA

o

Eingehüllt
ins Unermessliche
    der Atem
DAS WORT

o

DAS WELTALL
tanzt wie ein Honigvogel
mit der Balalaika
ruht sich aus
im Aalmolchauge
in der Buckligen Wasserlinse

o

Tanzendes Rocaille
am Nachthimmel
Flutender Hahnenfuss
im Gewässer des Traums
ALLES EIN EINZIGER GESANG

o

Blitze im Weltallpochen
   des Bluts
im irren Nacktsein
der Nacht
     gebetslos
in die Leere der Wolken

       o

Der Laternenzüngler
singt die Ferne
ich schweige
deine Nähe

       o

Durchs Gesträuch
    der Sterne
ein Flammenwind
ATEMINATEMGLÜHEND

o

Die Harlekinkorallenschlange
schläft in den Fängen
des Pulsars
als ob nichts wäre

– ich male
meine Bilder

o

Leergefegt
die Strassen
   die Städte
DER GANZE PLANET ERDE
I M   N I C H T S

O

Es kreist der Meeresstern
im Farbenrausch
SCHÖPFUNGSEKSTATISCH

O

Nackt wie Äskulap
dein schlanker biegsamer Körper

o

Sonnenstrahlenworte
in deiner Hand
IM LETZTEN SCHWEIGEN

Treibendes Sternenplankton

Zum Gedichtband «Staubfäden der Erkenntnis – Traumtropfen»

Das ganz Grosse und das alltäglich Kleine durchdringen sich bei Paul Gisi gegenseitig und sind die Voraussetzung dafür, dass Staunen immer wieder möglich ist: «Spiralgalaxien / als Staubfäden / der kosmischen Blume / in der Vase auf meinem Schreibtisch // – sei nicht überrascht / vom Brief / den ich dir schreibe.» Mikrokosmos und Makrokosmos verschränken sich ineinander. Einmal ist vom «Sternenplankton im Wassertropfen Zeit» die Rede. Die Metapher sagt auch das, was die Gedichte selbst sein sollen: im Universum aufleuchtende Elementarteilchen, nur eine Millionstelsekunde präsent, doch zugleich unvergänglich. Das lyrische Ich erhebt denn auch den Anspruch, untrennbar vom kosmischen Licht zu sein, will es dem Blattfusskrebs gleichtun, der ein lebendes Fossil ist und sich seit 360 Millionen Jahren nicht in seiner äusseren Form gewandelt hat. «Lass dich los / in dieser Nacht / erweitere dich / mit der Untrennbarkeit / der Blattflusskrebse / mit dem kosmischen Licht».

Seine «Staubfäden der Erkenntnis» bündelt der Autor in sechs Zyklen zu je 20 Gedichten. Die Überschriften der einzelnen Abteilungen greifen programmatisch eine einzelne Zeile eines Poems auf. Über die äussere Gliederung hinaus erhellen die einzelnen Gedichte einander, stellen aufblitzende Facetten eines Ganzen dar. Der Band gewinnt so seine Dichte und Intensität. Gross ist auch der gedankliche Reichtum. Buddhistisches Denken klingt an, wenn vom «Kreislauf von Leiden und Verblendung» die Rede ist, von der «vorübergehenden

Wirklichkeit in den Waben der Hoffnung» oder von den «Inkarnationen der Illusion». Da gibt es keine Gewissheiten: «Wir haben nichts als das Nichts in den Händen.»

Manche Gedichte sind von traumwandlerischer Leichtigkeit, von anmutiger Naivität im besten Sinne. «Die Inschrift / an der Nordwand / deines Herzens / zu entziffern / das Einssein mit dem Ursprung // – ich mache mich / heute noch / auf den Weg.» Andere hingegen spielen mit dem Reiz des Erratischen, wie etwa das titelgebende für den Zyklus «Höhlenflusstraum». «Höhlenflusstraum / in getrommelter Nacht / wahngezackt / von der Zukunft her». Die Zeile «wahngezackt» ist, nicht zufällig, als einzige im Gedicht eingemittet. Ganz allgemein lässt sich sagen, dass in vielen Gedichten typografische Hervorhebungen wie Versalschrift oder spationierte Wörter usw. als Mittel der Intensivierung und Lesesteuerung eingesetzt werden.

Eine wiederkehrende Figur ist das Paradoxon und die Überwindung des Paradoxons als Coincidentia oppositorum, als Zusammenfallen der Gegensätze. «Ich breche gleichzeitig / in alle Himmelsrichtungen auf / nicht überschaubar aufgeteilt / NAH AM UNENDLICHEN / und finde dich / überall». Doch nicht immer gelingt das so leicht. Manchmal bildet im Gedicht erst eine lebensbedrohende Krankheit die dunkle Folie, vor der solches möglich ist. «Im Schweigen / des blauen Winds / tanzen wir / sonnenirr / in der Enzephalitis / GEGENSATZVEREINT».

In zentralen Gedichten steht das lyrische Ich im für das romantische Denken und Fühlen charakteristischen Gegensatz zwischen Entgrenzung und Verlustangst. «Wie in Nebelschleiern – / rittlings auf dem Asteroiden hockend / rase ich / durch galaktische Räume / in liebesirren Traumtropfen». Komplementär dazu steht die Angst vor dem Verlust jeglicher Bindung, vor der Beziehungsunfähigkeit. «IM OBSIDIAN NACHT ERSTARRT LEBENS-LUST». Der ekstatische Entgrenzungsjubel stellt gleichsam den «Komplementwinkel» der Verlustangst dar. «Angst skorpiont / im Komplementwinkel / der Einsamkeit / im Entwurf des Nichts – / *giftgelähmt*». Mit dem «Geigenjubel des Seins» korrespondiert eine radikal ausradierte Welt: «Leergefegt / die Strassen / die Städte / DER GANZE PLANET ERDE / IM NICHTS.»

Leben und lieben bleiben prekäre Erfahrungen: «(...) FEUERLIPPEN / umhüllen die Haut / aus der Tiefe / zuckt die karminrote Sonne / SEINSFIEB-RIG / wie ein Brandpilz.» Der Mensch bleibt gekettet, an die «Wurzelabgründe des Seins». Und doch gilt auch das Gegenwort. Die Hoffnung, dass das Gedicht, vielleicht gar über galaktische Räume hinweg, unterwegs sein kann auf ein Du hin: «Lichtjahrweit / das Wort / in mir // komm / wir wollen es / gemeinsam suchen.»

Fred Stäheli

Paul Gisi, 1949 in Basel geboren, Primarlehrerpatent in Zug, einige Jahre Schulpraxis, Aufenthalte in Südfrankreich, diverse Berufe, viele Jahre lang Korrektor in der Ostschweiz, über 100 Publikationen, hauptsächlich Lyrik, aber auch Kurzprosa, Sätze und Briefe, erhielt wenige Preise, vertreten in manchen Anthologien. Ein paar Bücher von namhaften Schweizer Künstlern illustriert. Lebt in Rorschach am Bodensee.

zackenbarsch.gisi@gmail.com
www.zackenbarsch.ch

Fredy Stäheli, 1957 in Zürich geboren, Matura, Germanistikstudium, Redaktor, Museumskurator, publizierte sechs Lyrikbände und ein sprachwissenschaftliches Werk über das Stadtberndeutsch, lebt in Au am Zürichsee.